D0617393

por Lisa Trumbauer

Consultant: Jerry Lindeen,
Iowa Farmer: Corn and Soybeans

Libros sombrilla amarilla are published by Red Brick Learning
7825 Telegraph Road, Bloomington, Minnesota 55438
http://www.redbricklearning.com

Editorial Director: Mary Lindeen
Senior Editor: Hollie J. Endres
Senior Designer: Gene Bentdahl
Photo Researcher: Signature Design
Developer: Raindrop Publishing
Consultant: Jerry Lindeen, Iowa Farmer: Corn and Soybeans
Conversion Assistants: Katy Kudela, Mary Bode

Library of Congress Cataloging-in-Publication Data
Trumbauer, Lisa, 1963-
Maíz / by Lisa Trumbauer
p. cm.
Includes index.
ISBN 13: 978-0-7368-7354-3 (hardcover)
ISBN 10: 0-7368-7354-6 (hardcover)
ISBN 13: 978-0-7368-7440-3 (softcover pbk.)
ISBN 10: 0-7368-7440-2 (softcover pbk.)
1. Corn—Juvenile literature. I. Title. II. Series.
SB191.M2T78 2005
632.1'5—dc22

2005016138

Adapted Translation: Gloria Ramos
Spanish Language Consultant: Anita Constantino

Printed in the United States of America

Photo Credits:
Cover and Title Page: Corel; Page 2: Barbara Bannister; Gallo Images/Corbis; Page 3: PhotoDisc Images; Page 4: North Wind Picture Archives, (inset) Photodisc/Cartesia; Page 5: North Wind Picture Archives; Page 6: Bettmann/Corbis; Page 7: Corbis; Page 8: Tony Arruza/Corbis; Page 9: Douglas Kirkland/Corbis; Page 10: DK Images; Page 11: Corbis; Page 12: Macduff Everton/Corbis; Page 13: Ariadne van Zandbergen/Images of Africa; Page 14: Chuck Pefley/Alamy

1 2 3 4 5 6 11 10 09 08 07 06

Contenido

Una sorpresa sabrosa

Mira estas plantas. ¡Son enormes! Miden más de 8 pies (3.05 metros) de altura. ¿Puedes ver lo grandes que son las hojas?

Las hojas se llaman **chalas**. Envuelto dentro de las chalas encontrarás el **choclo.** Hay **granos** amarillos que crecen alrededor de este choclo.

Una planta de las Américas

En las Américas, hace miles de años, la gente comía maíz. Los indígenas americanos aprendieron a cómo cultivar esta planta y la llamaron maíz.

El maíz llegó a ser un alimento importante para los indígenas americanos. Pensaron en muchas maneras de cocinar el maíz. Los indígenas americanos sabían que algunos granos de maíz explotaban si se calentaban. ¡Hoy en día todavía comemos palomitas de maíz!

Cuando los europeos llegaron a las Américas, no sabían lo que era el maíz. Los indígenas americanos les enseñaron a cómo sembrar y **cosechar** el maíz. En el primer día de Acción de Gracias se sirvió maíz.

El maíz rápidamente se hizo popular en América, con los colonizadores europeos. Más y más granjeros empezaron a sembrar este alimento. Muy pronto, el maíz llegó a ser una comida importante para los colonizadores.

¿Cómo usamos el maíz ahora?

Hoy en día, el maíz tiene muchos usos. Los granjeros lo usan como alimento para sus animales.

La gente también come maíz dulce. El maíz que compras en el supermercado puede comprarse en la mazorca, en una lata o congelado. No importa como se compra, es un alimento saludable.

¿Alguna vez has comido tortillas o cereal de maíz? Están hechos de harina de maíz molido. Una de las maneras en que la gente usa harina de maíz es para hacer panecitos.

El maíz también se usa para hacer **almíbar de maíz**. Puedes encontrar el almíbar de maíz en jugos y en refrescos. El maíz también se usa para hacer cosas que no comemos, ¡como bolsas de basura y popotes!

Sembrando y cosechando

El maíz se siembra durante la primavera. La planta de maíz crece durante el verano. Crece hasta ser muy alta. Las **mazorcas** empiezan a crecer a lo largo del tallo y fibra sedosas empiezan a salir de las mazorcas.

Las fibras sedosas que salen de cada tallo tienen **polen**. El polen cae en las fibras sedosas. En cada fibra sedosa crecerá un grano de maíz. Cuando llegue el otoño, el maíz estará listo para ser cosechado. Aunque las fibras sedosas son de color café y están secas, los granos de maíz dentro de las **chalas**, están maduros y jugosos.

Los granjeros cosechan el maíz. Puedes comprar maíz en una tienda o en un mercado. Hoy en día, la gente alrededor del mundo disfruta comiendo maíz.

Glosario

almíbar de maíz un líquido dulce hecho de maíz

chala parte de la planta que cubre el fruto o las semillas

choclo la parte de la planta que está cubierta con los granos de maíz

cosechar recoger una cosecha, como el maíz, cuando está madura

grano semilla de algunas plantas, como el maíz

mazorca el choclo de maíz cubierto por fibras sedosas y chalas

polen se necesita para que algunas partes de una planta crezcan

Índice

Word Count: 401
Guided Reading Level: L